AF463841

UN COIN
DE LA
VIE RÉELLE

PAR

UN ÉCLOPÉ

PARIS
IMPRIMERIE ALCAN-LÉVY
61, RUE DE LAFAYETTE

—

1879

UN COIN
DE LA
VIE RÉELLE

PARIS. — IMPRIMERIE ALCAN-LÉVY, 61, RUE DE LAFAYETTE.

UN COIN
DE LA
VIE RÉELLE

PAR

UN ÉCLOPÉ

PARIS
IMPRIMERIE ALCAN-LÉVY
61, RUE DE LAFAYETTE

1879

Paris, 10 juillet 1879.

A Madame J.-L.

Ma chère amie,

Je vous ai lu, il y a quelques semaines, ces pages intimes.

Vous m'écrivez qu'elles sont bonnes à lire par la foule des déshérités et des blessés de la vie.

Tout le monde, ajoutez-vous, a du plomb dans l'aile, ici bas, et à peu d'exceptions près, c'est la famille qui fournit l'arme et les munitions.

Voici, ma chère amie, ces lignes émues, miroir fidèle de douleurs saignantes.

A vous, tout mon cœur.

RAYMOND.

SOMMAIRE

UN COIN
DE LA
VIE RÉELLE

Paris, 4 Septembre 1876.

Ces premières pages portent la date du 4 septembre, une date qui vibrera longtemps et douloureusement dans mon âme.

— C'était en 1870.

— J'étais sous-préfet dans une grande ville du Midi.

— L'échéance des heures fatales avait sonné pour notre pauvre et grand pays.

— La veille, l'avant-veille, de noirs pressentiments avaient flotté dans la cité : la note était lugubre.

— On sentait le désastre et, par la pensée, je revois distinctement encore une salle de mon hôtel où quelques rares amis du pouvoir qui allait s'effondrer, s'étaient réunis comme pour des adieux suprêmes.

— Ma femme présidait et l'on eût dit des funérailles.

— Elle était vêtue de noir et tous, dans un morne silence, nous attendions, avec la fièvre des angoisses mortelles, que le télégraphe nous ramenât un rayon d'espérance ou nous apportât la déchirante réalité.

Nous nous retirâmes à 11 heures du soir.

⁂

Ici se place un incident que je n'oublierai jamais.

A minuit retentit un coup de sonnette, terrible et sans réplique.

— Je m'élance à la fenêtre; c'était le directeur du télégraphe, pâle, haletant, à demi vêtu.

— Venez, venez, me criait-il d'une voix qu'étreignait l'émotion.

C'est horrible!

— J'étais, à ses côtés, deux minutes après, et je suivais, tremblant, le papier fragile et solennel qui, par chacune de ses lettres empoisonnées, nous soufflait la désespérance.

— C'était Sedan, l'Empereur prisonnier et la République s'installant, triomphante, en face de l'ennemi sur les ruines fumantes de l'Empire!

. . . .

*
* *

Dès le mois de janvier 1871, M. Thiers recherchait les hommes de bonne volonté pour tirer le char et préparer les fondations du nouveau régime.

Je m'enrôlai, de nouveau, et je rentrai en qualité de secrétaire général d'une grande préfecture;

J'y vécus comme sur le pont d'un navire, ballotté par les flots, au milieu de crises sans cesse renaissantes.

Le préfet se tua, à la suite d'événements qui sont encore dans toutes les mémoires.

C'était un vieux soldat, sensible, bon, généreux, plein d'honneur et de courage, mais étranger aux choses administratives et aux misères de la politique.

Son successeur, M. S..., avocat, lui survécut peu de temps et périt, miné par la phthisie.

Ce M. S... s'était fait, lors de la visite de l'empereur de Russie, en France, une singulière notoriété ! On racontait qu'il avait crié, de concert avec M. Floquet : « Vive la Pologne », quand le tzar parut sur les marches du palais de justice de Paris.

Un conflit ne tarda pas à éclater entre cet étrange administrateur et moi.

M. Thiers intervint, me fit officier de la Légion d'honneur et m'invita à accepter, en attendant mieux, la direction d'un grand arrondissement de premier ordre dans l'Ouest.

Je me laissai convaincre sans enthousiasme. Là m'attendaient, j'en avais le pressentiment, de nouveaux et cuisants déboires, lesquels naquirent et se développèrent — point n'est besoin de le dire ici — au milieu d'une aventure qui fit tapage et où fut mêlé tristement un membre de la compagnie de Jésus.

Le 24 mai 1873 me fit payer cher la rigidité de ma conscience, ma résistance à d'audacieuses interventions, et je sortis volontairement de l'administration, plein de chagrin, de découragement et d'amertume.

***

Paris m'avait toujours attiré.

C'était la lutte encore, le combat, oui, c'est vrai, — mais c'était aussi la vie, l'éclat et le mouvement.

J'y arrivai à la tête d'un cortége d'espérances qui faisaient fête à mon cerveau et souriaient à mon cœur endolori.

Hélas !

Qu'il y a loin de la coupe aux lèvres, et que de place encore pour le malheur.

UNE BELLE-MÈRE

J'ai une belle-mère.

Pourquoi et par quel mystère du cœur humain les belles-mères sont-elles, pour la plupart, les implacables ennemies de leurs gendres et de leurs brus.

Elles ont eu, cependant, leur temps de floraison et d'épanouissement, les belles-mères !

Ne peuvent-elles donc plus supporter, sans aigreur et dépit, le spectacle de la jeunesse insouciante et des amours ?

Est-ce le glas de la retraite et la sonnerie du dernier rappel qui les fait se cabrer si fâcheusement ?

Sont-ce les neiges d'antan et les rides profondes qui boudent les chevelures d'ébène, les boucles blondes, les dents de perles et les fronts d'ivoire? Est-ce le déplacement d'une autorité incontestée jusqu'alors, la chute du bâton de commandement, la haine instinctive contre le mari de sa fille, ou bien manque d'énergie et de résolution dans le sacrifice ?

Les gendres veufs de leurs belles-mères et dès lors libérés, ont fait courir le bruit que le ciel était peuplé d'anges qui, sur la terre avaient été des belles-mères attentionnées, amies de la paix, parfaites, exquises.

Je n'y contredis point, mais que de mégères et de diables à quatre dans ce monde et comme les méchantes font tort aux bonnes !

*
* *

Ma belle-mère, à moi, celle qui m'appartient, en toute propriété dans cette vallée de larmes, est grande, sèche, raide et les lèvres pincées : elle a, de plus, sur la face, un tic nerveux absolument déplaisant.

— Je l'ai appelée un jour, figurez-vous, vipère, alors qu'elle venait, par ses manœuvres souterraines, de tout brouiller chez moi, et je ne crois pas qu'elle ait oublié ce qualificatif irrespectueux, mais juste.

*
* *

J'ai un beau-frère, directeur d'une agence des docks et magasins de la *Jeune France*.

Ce pauvre garçon ne m'a jamais pardonné de l'avoir aidé, jadis, de ma bourse et de mon crédit.

C'est un grotesque Prudhomme.

« Mon fils ne doit rien à ton mari, disait « naguère ma belle-mère à ma femme, inter- « dite d'une telle indépendance du cœur; ses « notes et son mérite l'ont seuls fait arriver. »

« Je n'ai jamais reçu de services de mon beau- « frère, ajoutait sentencieusement ce dernier. »

Et allez donc!

Et c'est bien fait pour moi aussi.

Eux sont dans la vérité, moi je n'y suis pas, et ma sottise a été telle que ces horions cruels ne m'ont pas guéri de ma rage d'être agréable et utile.

Heureusement, la Providence y a mis bon ordre pour le quart d'heure.

*
* *

Mon beau-frère est marié avec une personne revêche, avare et qui promet pour la couperose, mademoiselle Loquet.

Ce couple a une fillette.

Madame Thomassin, c'est le nom de ma belle-mère, suivant la loi naturelle, déteste sa bru et celle-ci le lui rend bien.

La petite boit cette antipathie dans le sein de l'aïeule et tire la langue à sa mère, quand celle-ci a le dos tourné.

Le bouton promet, n'est-ce pas ?

*
* *

Madame Thomassin ne sait pas vieillir. En quête d'exhibition et d'étalage, elle voudrait voir s'ouvrir le salon de son fils; mais la bru regimbe, se rebiffe, endoctrine l'oreiller et le ménage montre un museau renfrogné.

Rien, paraît-il, n'est plus désopilant pour la galerie que les assauts de la belle-mère et les ruses de la belle-fille pour échapper à l'hameçon.

*
* *

M. et Mme Thomassin jeune jouent à la noblesse, ils ont acheté des aïeux à Paris : un capitaine des gardes sous Louis XIV, un gentilhomme de la chambre et une demi-douzaine de douairières poudrées et à paniers, puis ils se sont fait confectionner des armes : « Un poisson « qui se pâme aux accents d'une lyre tétra- « corde. »

*
* *

Ces délicats ne prisent pas la bourgeoisie, la trouve commune, fade et sans cachet.

« Notre mère, y dit-on, voit un monde qui n'est pas le nôtre. »

Aussi a-t-on cantonné la brave madame Thomassin mère et on va la voir, le soir, sur le tard, en rasant les murailles.

Dans le jour, la maison n'est pas sûre et on pourrait faire de fâcheuses rencontres : les *Chantegrive*, les *Chaumulet*, les *Putois*, les *Hautbuchard*, les *Flageolet*, les *Poitrasson*, et je vous prie de nous dire, en bonne conscience, quelle figure voulez-vous que fassent le bourgeois Thomassin fils et sa femme devant ces simples et ces naïfs ? Eux, ils ont besoin d'aromates, d'opoponax, de poudre à la maréchale, et c'est chez les *de Cuissemolle*, les *de Rocambrique* et les *de Roticaille-Vaupiquet* qu'ils cherchent à lier connaissance ; mais on y est d'un froid... d'une glace...

*
* *

Que les temps sont changés ! Madame Mère,

quand vous veniez chez moi, avec tant de joie, alors que j'étais quelque chose et quelqu'un!

Vous faisiez, souvenez-vous-en, la partie avec tel général, tel abbé mitré ou quelque autre gros bonnet du pays.

Vous répétiez complaisamment : Mon gendre le...... Un peu plus on vous aurait porté les armes, et le poste d'honneur se fût rangé sur votre passage.

Voyons, Madame Mère, je suis bon prince, avouez et déclarez mes salons d'autrefois plus gais, mes dîners plus aimables que ceux qui, à l'enseigne du Mouton enragé, si j'en crois les potins de l'endroit, indisposent, chez M. Thomassin fils, vos entrailles vénérées et les rares convives de sa table.

*
* *

En dehors de ces quatre personnes qui habitent B., face à face pour ainsi dire, et qui accomplissent quotidiennement et machinalement les énervantes formules d'un semblant d'affection, nous n'avons plus qu'une tante, la seule qui nous ait conservé et témoigné un peu d'attachement.

Cette personne demeure à M...,ville située à trente lieues de B...

C'est une sainte fille, toute en Dieu et qui, pieuse et résignée, passe ses dernières années à faire le bien.

C'est du courage et du mérite, chère Antoinette. Dieu vous en récompensera.

Or donc, depuis la mort de mon beau-père, c'était un brave homme inoffensif, sage, que tout le monde a oublié sauf nous deux, on a pris l'habitude de se réunir en septembre à Schaltein, auprès d'un vieil oncle que j'ai laissé intentionnellement dans l'ombre et pour cause, car c'est un type que nous noterons en passant.

***

Ma femme y est conviée, *seule*, bien entendu.

— Moi, criminel endurci, forban sans vergogne, pécheur pour qui toute miséricorde du ciel et de la terre est fermée; moi, je suis exclu et chassé du cottage verdoyant, des bois ombreux et des vignes opulentes. Je suis le frélon, le monsieur dont on ne parle plus; je suis, selon le doux évangile de ma belle-mère : *je suis cet homme.*

Ici, je vous entends, lecteur, vous m'interrompez.

—Dites donc, Monsieur, voyons, expliquons-nous.

Vous avez, tout au moins, assassiné votre ami Clytus, au sortir d'une folle orgie, vos créanciers, vos bienfaiteurs et dépouillé le tronc des églises.

N'hésitez plus à avouer que vous vous êtes embusqué vingt-quatre heures avec un canon chargé à mitraille, au Val-Suzon, pour refroidir le percepteur et vous approprier sa sacoche.

Confiez-nous que vous avez falsifié les rentes et les obligations françaises, et que, sans hésiter, vous avez contrefait la signature de votre cordonnier, pour retirer son compte-courant à la Banque de France.

Nous savons pertinemment, ainsi que le dit le fils Thomassin, que vous prenez sans façon les femmes de vos voisins et mettez à mal les filles des portiers d'alentour, tout vous étant bon.

Il est même avéré que vous vivez sur le volet des hautes cocottes, et que ce sont ces impures qui vous entretiennent.

— Eh bien! cher lecteur, non, non, cent fois non, vous n'y êtes pas.

Mais trève de plaisanterie, la chose est autrement triste et le cas est dix millions de fois plus pendable.

J'ai eu besoin de ma famille et lui ai demandé un service d'argent.

J'en suis revenu les os rompus.

— Ne vous récriez pas! Vous alliez encore vous émouvoir et dire : mais c'est là une famille invraisemblable, impossible.

Vous n'êtes pas au bout, et vous en verrez bien d'autres ; mais, pour le moment, si vous le voulez nous briserons-là, car je sens une larme qui me monte du cœur, et vraiment, ma pauvrette, ce n'est pas le cas de te montrer!

***

8 Septembre 1876.

Depuis trois ans, je suis sans situation.

J'ai frappé à toutes les portes.

Aucune ne s'est ouverte.

J'ai gravi ce calvaire, les genoux meurtris et le cœur ulcéré.

J'ai imploré; j'ai prié; j'ai pleuré.

Rien! rien! rien!

Quand donc finira ce martyr?

*
* *

15 Septembre 1876.

On vient de m'offrir de me faire placier d'appareils de sauvetage en cas d'incendie!!

C'est une branche de salut.

C'est du pain.

J'accepte avec gratitude. Je ne suis pas fier, n'est-ce pas, madame mère, et je ne suis pas propre à être mis en montre, convenez-en.

*
* *

16 Septembre 1876.

Me voilà en fonctions.

Le Directeur vient de m'appeler, et m'a remis une lettre de Montluçon.

Ces jours derniers, on y expérimentait le *Descenseur à spirale*.

Je ne sais par quelle fatalité et quel concours de circonstances, la ceinture qui lie le sauveteur au manchon métallique où s'enroule la corde s'est rompue.

Un homme et un enfant sont tombés sur le sol d'une hauteur de six mètres.

La lettre était pressante, elle portait la signature du sous-préfet, vieil ami de vingt ans.

Quelques heures après, j'étais en route, et, comme l'oiseau trempé par l'orage, je secoue mes plumes, j'essuye mes yeux rougis, et j'essaye de sourire.....

***

Montluçon, 18 Septembre 18...

Je suis arrivé ce matin, et descendu à l'Hôtel de France.

Mes croisées donnent sur la place principale: devant moi l'hôtel de ville, vieux donjon peint en jaune et comme à la détrempe, avec la sous-préfecture, le tribunal, la gendarmerie, à gauche un carillon, à droite la halle centrale.

Des baraques sont en campement, c'est la foire dimanche.

⁂

Je n'avais pas déballé ma valise que déboule, chez moi, un quidam inconnu, et m'embrassant sans crier gare : « Tu ne me reconnais donc « pas ! « — « Mais parfaitement ! » répondis-je à tout hasard, et nous voilà dans les bras l'un de l'autre. C'était mon ami, le comte des Faulques, que j'avais laissé à vingt-trois ans, coquet et fin sous-préfet déjà de derrière les fagots, svelte et l'œil plein de feu...

Je le retrouvais énorme, chauve, moustache et impériale blanches.

Nous nous dégageons, et lui, me fixant alors :

— Comment, c'est toi, pauvre cher, — toi que j'ai connu si...

— Mais c'était en 1852, malheureux ! et nous voilà dégringolant l'escalier comme des écoliers et attablés, avec une faim canine, deux vieux bourgognes à nos côtés et de l'amitié plein le cœur.

— Allons-nous bavarder et évoquer le passé ?

— C'est une bonne heure, cueillons-la.

— De Faulques, vous souvenez-vous d'Avignon en 1852?

Nous étions, déjà, sous-préfets comme dans les *Deux Notaires* de Nadaud. Quelle réception nous fîmes au président de la République d'alors!

On nous avait, parbleu bien, consignés dans nos postes et les populations devaient rester coi; mais, bast! nos arrondissements s'étaient convoqués eux-mêmes et tout notre monde était parti, maires, curés et vieux soldats, drapeaux déployés, pour voir Napoléon, le neveu du grand Empereur.

Nous avions fauché des champs de fleurs et nous voyagions, dans quelles carrioles, mon Dieu! gais comme pinsons, heureux de nos vingt ans, pas fiers, bons enfants et criant à tue-tête : vive le Président! vive la France! Les villageois se mettaient à la fenêtre — les femmes et les filles n'étaient pas les dernières — pour voir passer cette bande joyeuse et la belle jeunesse.

— Et vous, reprenait De Faulques, avez-vous oublié la grande réception du lendemain à la Préfecture? Saint-Arnaud, Fortoul et de Persigny? Vous et moi avions été chargés d'aider aux présentations officielles, et nous nous acquittâmes si bien de notre rôle, que ma préfète, le soir, déclarait qu'elle n'avait jamais vu d'escadron volant plus accorte et de meilleur air.

— « Et nos préfets, répliquais-je, Bourbourg « et Durivage ? Je me rappellerai toujours la tête « du premier, quand l'Empereur lui dit, en « passant — les départements étaient massés « dans la grande allée royale : — « Trop de zèle, « Bourbourg, — trop de zèle ! »

« Démonté un instant, il ne s'en remit pas « moins en selle promptement, et l'Empereur, en « s'éloignant, put entendre les acclamations en- « thousiastes qui, sur un geste de Bourbourg, « partirent de milliers de poitrines.

« Durivage fut fait commandeur. Et nos « amis : Carteret, Bruyère, Hemon, Denneval « et Saint-André, tout cela mort ou dispersé.

« Combien des nôtres sont restés debout ?

« Moi, j'ai quitté l'arène. Vous, ami, vous « combattez encore.

« C'est de l'héroïsme par ce temps de com- « munards et de vertigo. »

Et de deviser ainsi et les heures de fuir à tire d'aile.

A deux heures de la nuit, après une demi-douzaine de londrès et une tournée de punch, j'allai me coucher et rêver à ma chère femme restée seule à Paris.

*
* *

Le lendemain, mes affaires finies, je repris le train.

J'ai fait mes deux cents lieues en quarante-huit heures, guéri un brave pompier, remis une clavicule sortie du rang, sans trousse, ni bistouri, mais par un baume qui fait merveille.

J'ai retrouvé un ami, découvert un pays et bu à longs traits à la source de nos jours d'autrefois...

Il y avait longtemps que je n'avais été à pareille joie.

*
* *

Paris, 20 Septembre.

J'avais longtemps hésité à faire part aux miens de mes déboires et de mes angoisses.

Ma femme me répétait sans cesse : Ne leur demande rien ! C'est de la pierre.

A ses prières, à ses supplications, j'opposais une secrète et invincible espérance de fondre leurs cœurs glacés.

L'heure me pressait d'ailleurs.

Chaque jour, chaque heure ajoutait une douleur et une tristesse au présent.

Il était lourd, ce présent.

Vingt-quatre ans de fonctions publiques et quatre ans à Paris avaient creusé un gouffre béant.

Nous avions voulu lutter et disputer pied à pied avec la fatalité.

A mesure qu'une vague déferlait sur ma barque, je ramais plus fort, mais la rive était loin, et le ciel était noir !

J'écrivis donc par l'intermédiaire du fils et je priai Dieu.

Je reçus pour toute réponse une lettre de M. Thomassin qui me disait : « Quand vous « aurez de semblables communications à faire « à ma mère, veuillez les adresser directement, « ne voulant m'en mêler en quoi que ce soit. »

Cette épître froide et cruelle ajoutait que

madame Thomassin mère était malade et que ma femme ferait bien de venir.

C'était un traquenard!

Ma belle-mère mentait pour amener sa fille à B... et nous allions entrer dans la phase aiguë de misères inouïes et sans nom.

*
* *

Strasbourg, 30 Septembre 18...

Me voici en Alsace où j'ai, de nouveau, une mission à remplir et des expériences à conduire.

Singulière coïncidence!

Ma femme est à 10 kilomètres de moi, à Schatheim, chez le vieux parent dont nous avons dit un mot.

Là, aussi, se trouve madame Thomassin et Antoinette.

En passant devant Sarrebourg, où j'ai fait mes premières armes administratives, je me suis laissé aller d'une vraie larme. J'ai retrouvé ma jolie gare d'autrefois, noire — sombre avec un faux air de caserne — et de bastion de défense. Depuis Avricourt, d'ailleurs, j'avais le cœur serré, et je n'avais pas combattu l'attendrissement qui s'emparait de moi.

Rechicourt, *Gondrexange*, *Imling*, *Héming*, tous ces villages me rappelaient de sympathiques souvenirs et des amis dispersés.

En voyant ces casques pointus, ces gros hommes cinglés, bottés, éperonnés, comme pour la guerre de demain, je songeai à notre pauvre et cher peuple si gai, si artiste, si aimable, si chevaleresque, si oublieux.

Cher fou de papillon aux ailes diaprées, quand seras-tu donc aussi prévoyant que ce lourd et pesant éléphant qui ne demande qu'à rompre sa barrière pour te meurtrir sous sa patte de fer ?

Voilà Zabern et les champs plantureux d'Alsace.

Nous disions jadis comme nous redirons un jour, s'il plaît à Dieu : Saverne.

Derrière moi, le glorieux Phalsbourg.

— Parti hier soir de Paris, je suis arrivé ici à huit heures et demie du matin à l'hôtel de l'Europe.

*
* *

Ils ont bien rebâti ce qu'ils avaient détruit à coups de canon : le faubourg de Pierre, la préfecture, le théâtre, la flèche de la cathédrale, le musée; mais la vie est partie.

***

Strasbourg est veuve, et une tristesse profonde se lit sur son visage.

Comme il y a sept ans, les Allemands vivent seuls, isolés, et resteront seuls, au grand honneur de l'Alsace qui saura demeurer fidèle et digne.

Allez partout.

Vous constaterez le même langage ému et frissonnant : « A quand notre délivrance et la fin de nos maux! »

— Pensez-vous, me disait une brave femme, que, des événements d'Orient, ne surgira pas notre retour à la mère patrie?

« J'y crois, ajoutait la digne vieille, et je ne voudrais pas mourir sans avoir revu le drapeau tricolore. »

Et pendant qu'elle parlait ainsi, je voyais deux larmes patriotiques courir sur ses joues amaigries.

Il y a un théâtre allemand, mais on ferait injure à un Alsacien de lui demander s'il y va.

J'ai retrouvé le Café Français, et je suis passé devant les brasseries allemandes où se gaffent les vainqueurs.

Pas plus de fusion aujourd'hui qu'hier, et demain qu'aujourd'hui.

Salut, beau et noble pays!

*
* *

2 Octobre 1876.

Strasbourg est sans troupes, au moment où j'écris : elles sont à Wissembourg où l'Empereur doit venir les passer en revue.

— « Vous verrez qu'il ne pleuvra pas pour « l'arrivée de notre roi, » criait à mes côtés un Prussien fanatique.

J'ai vu, tout à l'heure, passer devant mes fenêtres des sociétés de compagnons allemands; ils courent, musique en tête, au-devant de l'Empereur.

Cela me fait mal et je me prends à regretter le temps où, nous aussi, nous avions la foi, le dévouement, la passion des grandes choses, le respect de nos rois et l'amour de la patrie.

*
* *

Ma femme est venue passer quelques jours avec moi.

Est-ce triste et lamentable cette rupture des liens de famille, et la vie est-elle donc assez longue pour s'imposer de telles douleurs et d'aussi cruelles responsabilités ? — Il paraît qu'à Schatheim, le vieil oncle tourne au maniaque. Il tempête, gourmande et s'agite la figure empourprée.

Il y a là deux maîtres valets qui pillent la maison.

Le bonhomme, pourvu qu'il reste trois heures à table, ne voit rien, ou ne veut rien voir.

On glose beaucoup sur l'omnipotence d'un baby issu de l'office.

Madame Thomassin et Antoinette se récrient et se cabrent *in petto*, mais n'osent pas parler.

Le marmouset n'en prend que plus d'audace et décore M. Selton du nom de papa Ton, et ces dames de cousines.

— Ma belle-mère est toujours archi pincée et glacée.

Vous jugez du plaisir de ma femme dans ce milieu ; il n'y a réellement un peu de gaîté, que lorsque madame Thomassin et Antoinette s'accrochent. Ces deux sœurs se détestent ; autant ma belle-mère est gourmée, irrésolue et timorée, autant l'autre est vive et excitable, et, avec beaucoup de vertu et de bonté, on se la représente volontiers avec une forte lanière de cuir, cinglant un rétif entourage.

Un mot met le feu aux poudres, et les voilà parties chacune de leur côté, après s'être lancé deux ou trois ruades maîtresses.

Madame Thomassin va tout raconter à sa fille, et Antoinette, plus digne d'appartenir au sexe fort, se pelotonne dans un coin, le front plissé et la lèvre armée.

Comme c'est gentil, n'est-ce pas !

***

Nous avons fait nos expériences, sans grands résultats.

Nous plierons bagages demain pour Mulhouse.

J'écrirai de là.

*
* *

Mulhouse, 10 Octobre 1876.

Grande cité ouvrière qui a pris son mal en patience et lutte encore ; le vainqueur n'a pas rallié et ne ralliera pas ces cœurs fiers et résolus. — On sent comme un bouillonnement qui gronde au fond de chaque âme ulcérée.

Chacun passe droit et haut, c'est un spectacle consolant et attristant à la fois.

Nous avons expérimenté avec succès.

Nombreux public, mais nous livrons peu d'appareils :

On n'en prendra souci qu'au lendemain d'un incendie.

Jusque-là on dort.

Ainsi va l'imprévoyance humaine!

*
* *

Dix jours se passent de la sorte et nous regagnons Paris.

*
* *

Novembre.

Le retour n'a pas été facile : plus de dépense que de recette, voyage infructueux ; tout cela manque de charme et finira par le congédiement des chargés d'affaires.

Prévoyant cette issue, je me mets à chercher une tente-abri nouvelle.

*
* *

Seuls, les gens qui ont connu la recherche du pain quotidien peuvent comprendre le chagrin amer et la désespérance de ces interminables démarches et de ces perpétuelles allées et venues vous apportant sans relâche espoirs et déceptions. — Il semble que vous allez porter la coupe à vos lèvres desséchées et la voilà qui vous échappe des mains et se brise.

— Il faut avoir foulé cet âpre chemin pour en savoir les tristesses et les précipices.

Vous débutez par l'emploi de fâcheux.

Un singulier sourire vous accueille.

Les mains subissent une contraction involontaire et chacun se place sur la défensive. — Les meilleurs cœurs ne sont pas à l'abri d'une sorte de défiance à l'égard du désarçonné de la vie.

Il ne faut pas tomber ici-bas.
On ne vous relève pas ;
On vous achève.

Je ne connais rien de plus navrant que le spectacle d'un homme jeune encore, intelligent, avec un beau passé, et devant lequel les portes restent closes.

La femme pleure silencieusement au logis, et le malheureux, qui ne veut pas croire au naufrage, prend son courage à deux mains et repart.

Ainsi s'écoulent et s'écouleront de longs mois, sans feu, sans soleil, sans rayon.

Le matin, on est réconforté ; le soir, on rentre agité et fiévreux.

« Cette situation ne peut vous convenir, je « parlerai à un tel », lui a-t-on dit, « Revenez. » Huit jours après, même réponse.

Il faut savoir attendre, cher monsieur,

C'est tôt fait pour les heureux, mais pouvoir attendre ! Seigneur Dieu !

Les semaines s'entassent de la sorte les unes sur les autres, et..... la misère, finalement, vient s'asseoir au foyer désert et morne.

La misère en habit noir !

La pire de toutes.

Le bois manque, l'huile aussi ; les vêtements s'en vont, luisants et troués ; les meubles boitent, le tiroir est vide et les amis s'envolent.

Malheur à vous, si on s'en aperçoit au dehors, ah ! vous êtes bien perdu !

Les mains vont se fermer ; à votre vue, s'il est impossible de vous éviter, un prétexte sera là, tout prêt, comme une locomotive de secours, pour ramener en gare un mouvement de sensibilité qui viendrait à se produire.

Le pauvre hère n'a désormais, si une main charitable n'intervient, qu'à rouler jusqu'au bas de l'abîme, le front saignant et la mort dans le cœur.

La misère en habit noir, la plus horrible de toutes les tristes choses de ce bas monde !

Vous empruntez cent sous, dix francs,

vingt francs, au café voisin, à la gare, à un fournisseur.

Les prétextes ne manquent pas : on a oublié sa bourse, on a une acquisition à payer, une voiture à prendre.

Pour décrocher cent francs, deux cents, c'est une autre musique : un parent arrive ; vous avez toute la somme pour payer une traite, il ne vous manque que celle que vous demandez, et les billets de complaisance, tout cela, frère, beau-frère, cousins, parents, alliés de l'escroquerie et de la filouterie, puisque, finalement, vous prenez sans savoir comment vous rendrez, et le Mont-de-Piété et le réengagement à reméré du premier engagement !...

Hélas ! la crise se resserre et l'abîme s'entr'ouvre.

L'année se passe, vous n'êtes pas prêt... et voilà montre, linge, argenterie, bijoux, reliques du passé qui vont disparaître à jamais.

***

Les misérables se raccrochent à toutes les branches pour conjurer le mauvais sort. Ils trouvent devant eux des combinaisons inouïes.

On leur propose des bateaux de charbon, des wagons de toile, avec revente à bénéfice ; des billets à trois ans avec trois cents pour cent de commission et d'agio.

Toutes ces monstrueuses abominations se consomment en plein Paris, en plein jour, par d'anciens notaires faillis, des huissiers révoqués, des jurisconsultes (*sic*).

La bande noire !

*
* *

Et la famille, durant ces épreuves ?

La famille, parlons-en. — Elle demeure impassible, forte de ce qu'elle appelle son droit. — Elle assiste — implacable et sereine — aux tortures de ses enfants.

« *Quand la mesure débordera et que notre* « *fille en aura assez, elle reviendra ;*

« *Jusque-là, soyons fermes.* »

C'est de cette façon que raisonne la digne madame Thomassin, sagement conseillée par son respectable fils et un vénérable tabellion du cru, unis dans leurs pieux et charitables calculs.

Et pendant ce temps, la courageuse épouse fait les lits, balaye l'appartement, et se tue à ces grosses et vulgaires besognes de la vie matérielle.

Bonsoir, honnêtes gens !
Bonsoir, chrétiens des temps primitifs !
Je vous maudis.

*
* *

Il y a deux ans que ce joli plan a été conçu et mis en œuvre avec une rare énergie.

La première trame avait été de nous séparer violemment.

Pour cela, à la suite de ma requête, on avait accumulé les mensonges les plus odieux et les histoires les plus invraisemblables.

On espérait tout d'une surprise formidable.

La pauvre enfant ne devait pas résister à un choc si rude.

La scène avait été merveilleusement préparée.

Les coulisses étaient disposées, les accessoires prêts à entrer en danse.

Au premier acte, récitatifs et préludes.

Au 2e, chant de guerre, imprécations du frère, et grand duo avec la mère.

Au 3ᵉ, quatuor de famille.

Enfin au 4ᵉ faisaient leur apparition le vicaire général chargé d'obtenir l'aveu des sévices et des injures graves; et le notaire ayant mission de noter chaque trait de l'ignoble comédie et d'en dresser acte pour valoir ce que de droit.

Les douces brebis avaient poussé la mansuétude jusqu'à se rendre en personne auprès du chef du parquet pour lui demander si je ne pouvais pas, au nom de la liberté, être arrêté, si j'osais me présenter à B... pour reprendre ma femme.

*
* *

Comment et par quel miracle déjoua-t-elle les visées misérables de sa famille?

— Comment n'est-elle pas devenue folle?

Dans quelle source trouva-t-elle la force surhumaine qui lui fut nécessaire pour rompre ses liens, les briser et recouvrer son indépendance?

Elle rejeta loin d'elle toute cette boue et revint à son poste d'honneur près de moi.

Elle a fait son devoir, noblement, saintement; mais c'est comme les services rendus, cela ne se pardonne jamais, n'est-ce pas, Thomassin fils?...

⁂

Fléchenbois, 7 Janvier 77.

Eureka! me voici devenu par la grâce de Dieu et la volonté d'un mien ami un des gros bonnets de l'endroit, et je n'en suis pas plus fier pour cela.

Me voici rentré dans le giron administratif par une porte basse; je me suis laissé tenter par la pensée de retrouver mon vieil établi, mes outils et mes livres et puis, enfin, par le besoin.

On m'a dit : Voulez-vous nous remettre en état, et j'ai répondu : Je veux.

A la petite voix impertinente qui, de mon for intérieur, s'était permis quelques réflexions malsonnantes, j'ai répliqué par le sacrifice de mon plumet.

Pour moi il n'est pas de sot métier, je l'ai prouvé.

D'ailleurs, les temps sont plus que durs.

Ma vieille camarade m'a dit tout à l'heure en

me serrant la main : « Essaye ! — C'est du courage et du cœur.

Ça me suffit.

*
* *

Donc, d'évêque je suis, pour l'heure, simple desservant, et j'ai l'honneur de vous présenter le secrétaire en chef de la mairie de Fléchenbois, commune importante du canton de Pierre-le-Long, près Paris.

*
* *

2 Mars.

Depuis trois mois que je suis ici, j'ai remis la barque à flot, et comme j'ai cassé pas mal d'œufs, je me suis taillé une jolie collection d'ennemis.

Cela m'amuse de voir, du coin de l'œil, tout ce petit monde me travailler les côtes.

C'est aussi fort que sous les lambris dorés et les plafonds peints; mais c'est autrement machiné.

Voilà tout.

Vous ne saurez jamais, lecteur, l'émotion de la ruche depuis la venue du corps étranger que lui a expédié la providence en ma personne.

Les vieilles barbes et les commères sont toujours rétives à l'endroit du Monsieur qui a pris la place de greffier, au détriment des enfants du pays (*sic*).

J'ai fait une première grande faute, c'est de mettre sur les arrêtés du maire :

Ville de *Fléchembois*.

Aussitôt j'ai été accusé d'appeler l'octroi, c'est-à-dire la foudre, la ruine du pays, le dessèchement du Ru, l'effondrement général, l'accablement universel et l'abomination de la désolation!

L'octroi, la honte de la civilisation, dernier vestige de la barbarie et l'épouvantement du vrai républicain !

L'octroi, la haine du maraîcher et l'attentat le plus criminel aux droits sacrés des bons, des vertueux habitants des champs, et que voudrait consommer, avec violence, une administration *ignorante et despotique!*

Vous jugez si j'ai seulement répondu et si on m'a regardé de travers.

D'autre part, ma rosette fait qu'à première vue, on s'adresse à moi, ce qui provoque, chez le pauvre maire dont nous allons dire un mot, des effarements inouïs et des exclamations comme celle-ci : « Mais c'est moi qui suis Guillot, berger du troupeau. »

Dans ces cas-là, je voudrais être à cent pieds sous terre.

Puis mon ton de commandement — qu'y faire encore ? — vieille habitude — sous le tyran — entre nous c'est la bonne — déplaît à l'entourage.

Enfin, je ne bois pas sur le zinc avec l'électeur, et le mastroquet me méprise ; cela, dans le temps où nous vivons, nuit au prestige d'un homme vraiment distingué..

Le maire, qui, au début, m'avait accueilli comme ferait le roi d'une île déserte d'un ministre méritant, par son savoir, les plus grands égards, commence à regretter ma présence.

Je le gêne.

Pauvre homme ! se donne-t-il du mal pour faire croire au public qu'il règne et gouverne lui-même.

Je fais plus que le gêner.

Je suis une fourchette dans son gosier.

C'est évident.

*
* *

M. Jardinet (Théodule), maire de Flèchembois (Oise), est un ancien entreposeur de tabac à Gourdon (Lot).

C'est un petit homme à vue basse et à marche précipitée.

Il égare tous ses papiers et passe son temps à prétendre que son secrétaire les a perdus.

Il n'est pas méchant, mais soupçonneux ; il croit qu'on le trompe et ne signe qu'en tremblant ; les mandats surtout lui inspirent une vraie terreur.

S'il allait être obligé de payer de sa poche ! Il a toujours peur de l'inspecteur principal.

Son dépit, son grief sérieux, c'est d'avoir accepté un secrétaire qui le mettrait dans sa poche ; il me trouve trop grand et trop puissant (c'est son expression), et puis les criailleries de son peuple le consternent.

— « Pourquoi ai-je cédé à la demande de « mon ancien chef me recommandant ce secré« taire ? » se dit-il toute la journée.

— Soyez tranquille, Jardinet ! nous ne ferons pas ménage longtemps ensemble.

*
* *

Fontenay-aux-Roses, 25 Mai 1877

Madame,

Nous voici installés à Fontenay-aux-Roses ; nous y sommes complétement bien, et pour la première fois, depuis trois ans, après les rudes assauts que j'ai soutenus contre les plus cruelles épreuves — ayant à mes côtés ma femme, si aimante et si dévouée — ma vieille et fidèle Madeleine et jusqu'à mon chien, un ami celui-là — pour la première fois, dis-je, je ressens comme l'ivresse heureuse et vivifiante d'un homme qui renaît : les fleurs, les arbustes semblent me saluer en me souhaitant la bien-venue.

C'est quelque chose comme le port au lendemain des tempêtes les plus effroyables.

Il me semble que je vis autrement. Cette solitude, ces arbres, cette simplicité, tout cela me va au cœur, et je m'écrie avec ma pauvre et vaillante compagne : Dieu ! que c'est donc bon, un peu de repos et d'apaisement.

Et puis, je pense que nous devenons vieux, madame, qu'un coup d'aile d'en haut nous brisera demain, humbles et puissants, et que c'est triste de s'avouer que cette vie, si fragile, si incertaine, nous trouve, à l'heure qu'il est séparés, défiants, soupçonneux, nous calomniant les uns les autres et meurtrissant nous-mêmes, de nos propres mains, chaque feuillet de notre existence, au lieu de nous attacher à la remplir d'abandon, de cœur et de dévouement.

Ainsi c'est dit.

Vous voulez mourir là-bas, seule.

Nous plus loin, seuls aussi. Vos autres enfants de même, Antoinette pareillement, et tous, froids, désolés, nous descendrons dans l'inconnu sans le cortége ému et consolant des affections partagées et des souvenirs.

Non ! tenez. Cela me navre, et au risque de forger de nouvelles armes contre moi, de faire crier au comédien, au masque, à une trahison nouvelle, je viens vous dire que votre fille a assez souffert, et qu'il serait temps de lui donner cette immense et incommensurable joie d'une réconciliation pure de toute arrière-pensée et exempte de trafic égoïste et honteux.

Je vous ai fait du mal, c'est vrai.

Vous m'en avez fait beaucoup.

C'est vrai aussi, n'est-ce pas ?

Voulez-vous, madame, tout oublier ?

Je le veux, très certainement.

C'est dix ans de vie que vous apportez à ma femme, votre enfant.

C'est le don de votre retour, vous ne pourriez m'en faire un qui me soit plus cher.

Je vous écris contre la volonté de ma femme ; pour me détourner de ma résolution, elle vient de me répéter que cette seconde démarche serait repoussée comme la première, que, pour vous, plus je serais bas et perdu, plus vous vous réjouiriez, parce que cela amènerait ce rêve caressé de la rentrée.

Elle me redit les scènes d'il y a deux ans, les turpitudes dont j'ai été l'objet et les infamies pratiquées contre moi. Tout cela, je le sais, mais je tiens à ce qu'entre nous deux, entre mère et gendre, pour l'amour de celle que nous chérissons, je tiens à ce que votre cœur réponde au mien et que ce cri de vos entrailles sorte triomphant des liens qui l'enserrent : « Ah ! mes

« enfants ! que de chagrins et de temps perdu « pour nous aimer. »

— Vous le voyez, je vous écris au courant de la pensée et je voudrais, pour vous, pour elle, pour eux, pour nous que cette muraille de glace qui nous sépare s'écroulât pour faire place aux jours de lumière et de soleil.

Je ne relis pas ma lettre et je vous l'envoie.

Puisse Dieu vous inspirer !

RAYMOND.

*
* *

Comment ai-je quitté Fléchembois?

Comment suis-je ici, transplanté par un coup de baguette magique ?

Comment et par quel enchaînement me suis-je résolu à tenter une dernière démarche vis-à-vis de madame Thomassin ?

Le lecteur comprendra, je l'espère, que la petite débauche campagnarde de Fléchembois, dans les conditions où elle s'est présentée, devait avoir son terme ; s'il n'est pas de sot métier et si les temps sont toujours durs, il est des situations ridicules et déplaisantes qui ne se peuvent accepter longtemps dans de certaines exigences d'origine et d'habitudes antérieures.

Sur le deuxième point, j'ai trouvé un ami (il en est donc encore!) qui m'a tendu une main fraternelle et m'a aidé de son crédit et de sa bourse.

Enfin, il m'a semblé que, puisque le bonheur faisait un pas vers moi, je devais en faire dix vers lui, et, le cœur ouvert, l'âme pleine d'apaisement, j'ai écrit de nouveau.

⁂

28 Mai 1877.

A M. H. de C.

Mon cher ami,

J'ai suivi ton conseil et les incitations de mon cœur. Rien n'a vibré. Un caillou aurait plus d'âme. Viens nous voir.

Nous sommes deux à t'aimer.

RAYMOND.

*
* *

29 Août 1877.

La tourmente est revenue.

Voilà mon nid à terre.

Les vents sont furieux et l'ouragan fait rage.

De féroces créanciers se sont abattus sur nous, et je pourrais tapisser plusieurs chambres avec le papier timbré dont je suis inondé.

*
* *

7 Septembre.

Le vieil oncle de Schaltein a écrit — le doux conseiller — *qu'il fallait me laisser nager.*

— Que faites-vous près de lui ! dit-il à ma femme désolée.

— Mon devoir, répond-elle.

— Bah ! vous vous l'exagérez, revenez et sortez de cet enfer.

Excellent Selton, va !

*
* *

20 Octobre.

— On a tout vendu, tout.

Madame Thomassin pouvait, pour quelques cents francs, racheter les objets qui nous étaient chers, ceux qui rappelaient de tendres souvenirs, les hardes de notre fils bienaimé, conservées pieusement ; elle a consulté le notaire Filerat et son fils et s'est abstenue prudemment.

Ah ! l'excellente mère ! Le cœur d'or !

Quand ma fille verra qu'elle n'a plus rien, il faudra bien qu'elle se détache et nous revienne.

Mais, infâmes que vous êtes, vous lui supposez donc une âme comme la vôtre, vivant de votre morale et de vos principes odieux.

Ton mari est riche, heureux ; reste, jouis, reçois-nous, fais-nous jouir.

Ton mari est pauvre, il est en détresse, fais

ta malle, laisse-le, file. Tu reviendras en poste quand il fera beau temps.

— Il y a tant de femmes, ajoutait madame Thomassin, dans ta situation, eh bien! elles rentrent au bercail, sans hésiter.

On les plaint et on les choye.

*
* *

Ah! voilà la grande affaire :
On les plaint et on les choye.

*
* *

(*Chœur des dames réunies.*)

Pauvre madame Thomassin, si bonne, si digne, si aimante!

Pauvre madame Raymond, si aimante, si digne, si bonne!

Quelle pâture pour toutes ces femmes curieuses, bavardes, futiles, légères, méchantes qui courent en ville, de porte en porte, s'apitoyer faussement sur *lui*, sur *elle*, sur *eux ;* donner un coup de bec par-ci, d'ongle rose par-là ; glisser un doucereux mensonge, verser des pleurs hypocrites et jouer la comédie de la pitié, les yeux secs et un quart de sourire aux lèvres.

*
* *

Le Raincy, 10 Novembre.

Allez !
Arrière, cabotins et cabotines !
C'est bon. A bas les masques.
Nous rebâtirons le nid seuls et sans personne.

*
* *

15 Février 1878.

Madame Thomassin ne comprend pas que *cet homme* ne se soit pas brûlé la cervelle.

Quelle délivrance ! n'est-ce pas, madame mère ?

« Ta vie est perdue, ma pauvre enfant! dit-« elle à ma femme,» et elle marmotte mentale-

« ment en guise d'oraison : « Ma foi, si Dieu « l'emportait, c'est ce qui pourrait lui arriver « de plus heureux. »

On est tranquille là-haut, on y repose en paix, et puis la digne dame n'aurait plus de préoccupation.

Elle est si nerveuse! Tout l'agite et l'énerve ? Elle a peur d'un chaud et froid, d'une crampe, d'un bouton sur le nez, d'une égratignure, d'une palpitation. Vite, Eugénie, courez quérir le docteur Hysope, et l'homme de l'art accourt et la trouve pâle, défaite et se soutenant à peine.

C'en est fait.

Madame se meurt, madame est morte.

Enfin, nous disparus, elle n'aurait plus à envoyer mensuellement ces petits billets de vingt francs, voire de cinq, juste pour empêcher sa fille de crever de faim.

*
* *

16 18 8.

Le bourgeois Thomassin fils et son épouse, née Loquet, ne s'entendent plus.

Rivés à la même chaîne, ils s'injurient et tirent chacun de leur côté.

Quel attelage !

⁂

Thomassin est poitrinaire.

S'il s'en va et rend sa belle âme à Dieu, Angélique Loquet (quelle ironie !) se remariera le lendemain du délai légal, avec... Mais, chut ! le petit n'est pas si bête.

⁂

17 Avril 1878.

Ce qui chiffonne ma belle-mère, c'est que je résiste, malgré tant d'efforts, tant de piéges, tant de lacets, à la culbute finale et définitive.

C'est un Normand, murmure-t-elle, un affreux Normand.

Qui nous en délivrera ?

*
* *

22 Mai.

Décidement, je rebâtis le nid.

Grand bonhomme vit encore, chère dame, il faut en prendre votre parti ; mais point ne vous dirai ce que je fais, ni sur quel arbre je perche.

Sachez seulement, famille bénie, que je le mets si haut, dans un feuillage si épais et si loin là-bas, dans une terre inconnue, que vos griffes ne pourront plus l'atteindre.

Sur ce, vous me permettrez bien de ne pas prier Dieu de vous tenir en sa sainte garde.

Pouah ! les vilaines gens.

*
* *

19 Juin.

Le notaire Filerat vient d'être forcé de vendre. *Vivat !* — Un coquin de moins.

*
* *

27 Août.

Le vieil oncle est mort d'indigestion.

C'était sa fin prévue.

C'est un gros mangeur enlevé à l'admiration de ses contemporains.

*
* *

26 Septembre.

Thomassin fils est sur les épines, un inspecteur des Docks et Magasins de la *Jeune France* est arrivé et a trouvé la boîte mal tenue.

La jeune Loquet a déclaré qu'elle le quittait illico, s'il perdait sa plaee.

Bravo, Angélique, bravo ; c'est du cœur ou je ne m'y connais pas.

*
* *

30 Décembre.

Madame Thomassin engraisse à vue d'œil, c'est le chagrin ; elle a mis tout son monde dans la confidence de sa guerre avec sa bru.

Elle raconte à qui veut l'entendre, écrit à qui veut lire ses grands combats à coup d'épingles et de boulettes empestées.

Pauvre madame mère, que je vous plains et combien vous avez manqué de jugeotte ! car c'est sur vous que je vois le nuage noir.

Les *autres* vous abandonneront au premier jour.

Antoinette et vous, ça ne va guère.

Et alors ?

Qui vivra verra.

RAYMOND.

www.ingramcontent.com/pod-product-compliance
Ingram Content Group UK Ltd.
Pitfield, Milton Keynes, MK11 3LW, UK
UKHW022124170726
13837UKWH00003B/1352

9 782329 261096